Cómo se construye una computadora

Sam Aloian
Traducido por Alberto Jiménez

Gareth Stevens
PUBLISHING

Please visit our website, www.garethstevens.com. For a free color catalog of all our high-quality books, call toll free 1-800-542-2595 or fax 1-877-542-2596.

Cataloging-in-Publication Data

Aloian, Sam, author.
 Cómo se construye una computadora / Sam Aloian, translated by Alberto Jiménez.
     pages cm. — (El mundo y la ingeniería)
 Includes bibliographical references and index.
ISBN 978-1-4824-4379-0 (pbk.)
ISBN 978-1-4824-4316-5 (6 pack)
ISBN 978-1-4824-4346-2 (library binding)
1. Electronic digital computers—Design and construction—Juvenile literature. 2. Computers—Juvenile literature. I. Title.
 QA76.52.A46 2016
 004—dc23

First Edition

Published in 2016 by
Gareth Stevens Publishing
111 East 14th Street, Suite 349
New York, NY 10003

Copyright © 2016 Gareth Stevens Publishing

Designer: Samantha DeMartin
Editor: Ryan Nagelhout
Spanish Translation: Alberto Jiménez

Photo credits: Cover, p. 1 jannoon028/Shutterstock.com; caption box stoonn/Shutterstock.com; background Jason Winter/Shutterstock.com; p. 5 US Army/Science Source/Getty Images; p. 7 (keyboard) rangizzz/Shutterstock.com; p. 7 (apps) Oleksiy Mark/Shutterstock.com; p. 7 (monitor) robert_s/Shutterstock.com; p. 7 (OS) Dukes/Shutterstock.com; p. 7 (coding) Semisatch/Shutterstock.com; p. 9 Ana Vasileva/Shutterstock.com; p. 11 Bacho/Shutterstock.com; p. 12 ChicagoStockPhotography/Shutterstock.com; p. 13 Piotr Tomicki/Shutterstock.com; p. 15 Denis Dryashkin/Shutterstock.com; p. 17 vtwinpixel/Shutterstock.com; p. 19 bibiphoto/Shutterstock.com; p. 20 (hand) Everything/Shutterstock.com; p. 20 (keys) DVARG/Shutterstock.com; p. 21 (boy) Greg da Silva/Shutterstock.com; p. 21 (wire) cherezoff/Shutterstock.com.

Printed in the United States of America

CPSIA compliance information: Batch #CW16GS: For further information contact Gareth Stevens, New York, New York at 1-800-542-2595.

Contenido

Las palabras del glosario se muestran en **negrita** la primera vez que aparecen en el texto.

Cables y maravillas

Las primeras computadoras tenían el tamaño de grandes habitaciones, pero hoy las partes que se necesitan para construir una computadora caben en una mano. Los smartphones, las tabletas y otros **dispositivos electrónicos** son diminutas computadoras **diseñadas** para realizar diferentes tareas.

Pero lograr que funcionen estas máquinas súper rápidas no es fácil. Todas las computadoras están hechas de partes semejantes y siguen procesos similares para ir de los cables y los chips a los maravillosos dispositivos que utilizamos cada día. ¡Veamos cómo se construye una computadora!

Bloques de construcción

La primera computadora de propósito general se llamaba ENIAC. Construida entre 1943 y 1945, ocupaba una superficie de 1,500 pies cuadrados (139 m²). ¡Las computadoras de hoy son mucho más pequeñas y mucho más potentes!

El ENIAC —iniciales de computadora e integradora numérica electrónica, en inglés Electronic Numerical Integrator And Computer— funcionaba de modo muy distinto a las computadoras actuales. ¿Puedes imaginarte lo que sería necesitar una computadora del tamaño de una habitación grande?

Piezas y programas

Los **ingenieros** informáticos utilizan su formación para construir computadoras, máquinas que funcionan gracias a dos tipos distintos de invenciones: el hardware, las piezas de la computadora, y el software, la **programación** que necesita la máquina para realizar su trabajo. El software es el conjunto de líneas de código que se almacenan en la memoria de la computadora.

Los ingenieros de hardware y de software trabajan juntos para asegurarse de que la computadora funciona como es debido.

Bloques de construcción

El programa responsable del funcionamiento de la computadora, el sistema operativo (SO), es la parte de código más importante de la computadora. Sin él, la computadora no puede utilizarse en absoluto.

Hay cierto software que necesita determinadas clases de hardware para funcionar bien, mientras que con frecuencia se diseña hardware para ejecutar determinados tipos de software.

hardware

software

Partes básicas

Aunque hay muchos tipos distintos de computadoras, las más comunes, llamadas PC (Personal Computer) o computadoras de mesa, comparten las mismas piezas básicas. El principal hardware de una computadora suele estar dentro de un chasis o caja especial y está conectado a una pantalla, el monitor, donde se visualiza lo que la computadora hace.

El teclado se utiliza para escribir un texto o instrucciones, mientras que el ratón sirve para hacer clic sobre iconos o enlaces que permiten realizar tareas. El teclado y el ratón son ejemplos de dispositivos de entrada, de los que el usuario se sirve para indicarle a la computadora lo que debe hacer.

Las diferentes partes de una computadora se conectan mediante cables. Estos cables llevan en su interior finos conductores por los que viaja la información entre las diferentes partes de la computadora.

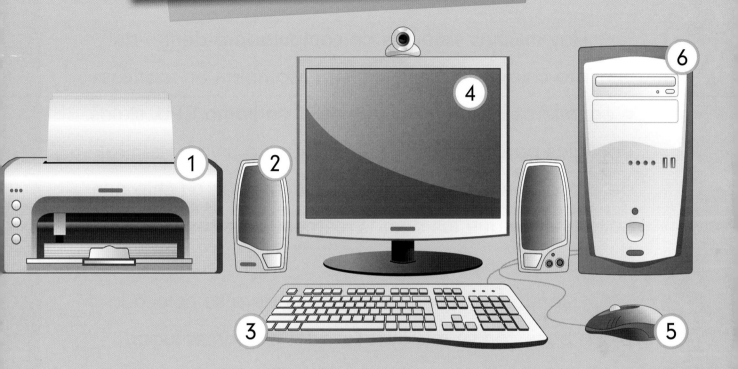

1. impresora 2. altavoz 3. teclado 4. monitor 5. ratón 6. Unidad del sistema

Bloques de construcción

Un smartphone o una tableta consta de las mismas partes que la computadora de mesa pero organizadas de manera diferente. Las tabletas, por ejemplo, son un monitor con una pantalla táctil que actúa como un ratón, y parte de la pantalla se convierte además en teclado si es necesario.

Hablar con la base

Hay muchos sistemas de computadora dentro del chasis o caja; estos sistemas se ensamblan en fábricas o en talleres. La pieza fundamental se llama CPU, siglas en inglés para Central Processing Unit o unidad central de proceso, microprocesador o procesador, un chip que hace posible que los demás elementos se comuniquen entre sí.

Cuando se fabrica una computadora se coloca la placa base con su microprocesador en primer lugar, y después se conectan los demás componentes. Los microprocesadores difieren unos de otros en arquitectura y tamaño: los ingenieros deben cerciorarse de que las distintas partes de la computadora son compatibles, o sea, de que puedan trabajar juntas.

Bloques de construcción

Los chips de las computadoras se fabrican con un material llamado silicio que se encuentra en la arena. La arena se calienta y se derrite hasta obtener un cristal necesario para fabricar los chips.

Una vez que sepas lo que hay dentro de la caja de la computadora y lo que ésta necesita para funcionar ¡puedes construir una computadora con la ayuda de un adulto!

Guardar para siempre

Lo siguiente que se **instala** en la computadora es el disco duro, dispositivo para almacenar datos. El sistema operativo y otras informaciones esenciales se guardan en el disco duro, que se conecta con la placa base para que las distintas partes del hardware puedan acceder a él. Hay distintas clases de discos duros: los SSD (iniciales de Solid-State Storage Disk) guardan la información en unos chips, mientras que los HDD (iniciales de Hard Disk Drive) la conservan en discos giratorios. Los primeros se consideran más seguros, porque si los imanes del HDD se deterioran los datos pueden perderse.

SSD

Algunas computadoras todavía tienen unos periféricos llamados discos compactos (CD) que se utilizan para leer o almacenar música, películas o programas.

HDD

Todas las computadoras necesitan un sistema de almacenamiento para saber siempre cómo tienen que funcionar. Los discos duros sirven también para conservar música, películas o cualquier otra cosa.

La central y la refrigeración

La unidad central de proceso o CPU controla y ejecuta, es decir, realiza, todas las órdenes que la computadora necesita para funcionar. La CPU se añade a la placa base después del disco duro; esta placa consiste en un soporte que le permite comunicarse con las demás partes de la computadora.

La CPU, los discos duros y la placa base producen mucho calor cuando trabajan. Deben contar, por consiguiente, con ventiladores y otros sistemas de refrigeración para que la computadora no se recaliente.

Bloques de construcción

La placa base, provista de un **sensor** que controla la temperatura, cuenta también con conexiones para las tarjetas de vídeo y audio, que hacen posible que los programas funcionen con suavidad y tú puedas disfrutar de tus videojuegos o tu música.

Si cuando arrancas tu computadora oyes una especie de zumbido en su interior, son probablemente los ventiladores que se han puesto en marcha para refrescar el sistema y mantener la máquina a temperatura aceptable.

RAM y tarjetas de red

Las computadoras necesitan también de otra clase de memoria para funcionar como es debido. La RAM (Random-Access Memory o memoria de acceso aleatorio), es una memoria **temporal**. A diferencia del disco duro, la RAM almacena solo datos cuando la computadora está encendida y los pierde cuando se apaga. La CPU utiliza la RAM para almacenar diferentes datos que el buen funcionamiento del sistema exige.

Otra parte importante de la computadora es la tarjeta de red, gracias a la cual puede comunicarse con otras computadoras u otros dispositivos. Muchas lo hacen a través de Internet para enviar o recibir mensajes de cualquier parte del mundo.

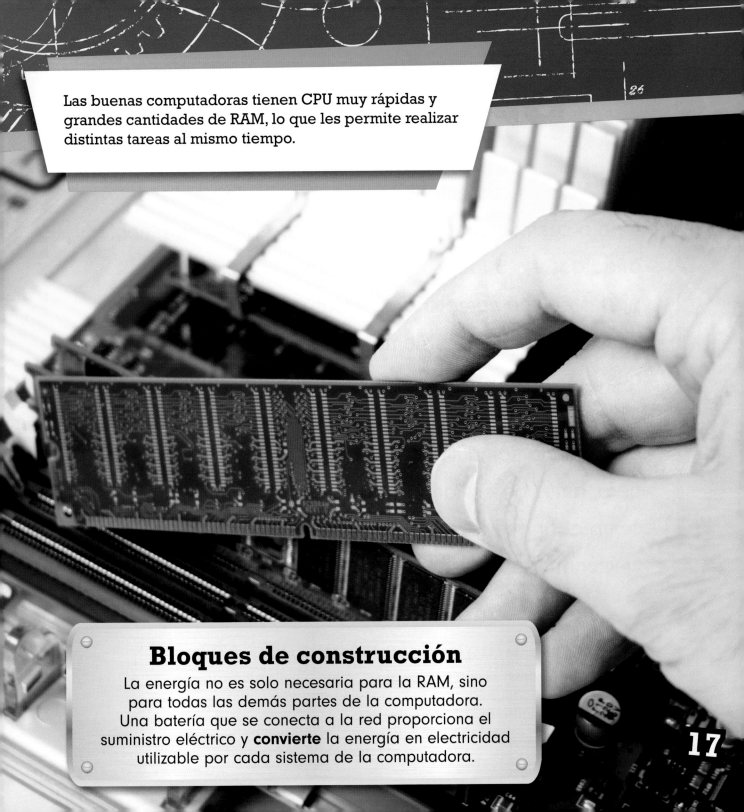

Las buenas computadoras tienen CPU muy rápidas y grandes cantidades de RAM, lo que les permite realizar distintas tareas al mismo tiempo.

Bloques de construcción

La energía no es solo necesaria para la RAM, sino para todas las demás partes de la computadora. Una batería que se conecta a la red proporciona el suministro eléctrico y **convierte** la energía en electricidad utilizable por cada sistema de la computadora.

Prueba final

Algunas computadoras tienen más de un disco duro o cuentan con diferentes tipos de almacenamiento, añadidos en la fábrica. Una vez que las diferentes partes de una computadora están en su lugar, se cierra la caja donde va el sistema. Queda ya muy poco para que la computadora este completamente lista.

Se instala entonces el software (los programas) para que la computadora pueda utilizarse de inmediato pero, antes de enviarla al distribuidor se prueba para comprobar que tanto el hardware como el software funcionan bien.

Bloques de construcción

Algunas compañías te permiten diseñar tu propia computadora; esto significa que ensamblarán la máquina según tus especificaciones. ¿Qué te gustaría que hubiera en el interior de tu computadora **personalizada**?

Son muchas las computadoras que se venden actualmente en Internet, lo que contribuye a facilitar su personalización.

Programa lo tuyo

Construir tu propia computadora puede resultar costoso, pero si ya tienes una computadora, ¡puedes escribir tus propios programas! He aquí unos cuantos sitios web muy interesantes si quieres empezar a programar hoy mismo.

tynker.com — ¡Tynker te ayuda a realizar tus videojuegos, programar robots y mucho más!

kidsruby.com — Ruby es un divertido lenguaje de programación con el que puedes hacer toda clase de cosas.

21

Glosario

convertir: cambiar una cosa en otra.

diseñar: crear la pauta o la forma de algo.

dispositivo: herramienta utilizada para un determinado propósito.

electrónico: herramienta o dispositivo que utiliza electricidad para funcionar.

ingeniero: alguien formado en el uso o construcción de máquinas.

instalar: configurar o poner en servicio.

personalizar: proceso para realizar un producto único diseñado según ciertas especificaciones.

programación: conjunto de órdenes necesarias para hacer funcionar una computadora.

sensor: herramienta que detecta cambios en su entorno, como el sonido o la temperatura.

temporal: que funciona o dura solo durante un determinado tiempo.

Para más información

Libros

Severance, Charles R. y Kristin Fontichiaro. *Raspberry Pi.* Ann Arbor, MI: Cherry Lake Publishing, 2014.

Zuchora-Walske, Christine. *What's Inside My Computer?* Minneapolis, MN: Lerner Publications, 2016.

Sitios de Internet

Construir una computadora
instructables.com/id/Making-a-Computer
Si quieres saber más sobre cómo construir tu propia computadora.

Raspberry Pi
raspberrypi.org/resources/learn
Infórmate aquí de cómo construir tu propia computadora utilizando piezas de Raspberry Pi.

Índice